PRODUCTIVIDAD PERSONAL CONSCIENTE EN UNA SEMANA

COMO SER MÁS PRODUCTIVO, DEJAR DE PROCRASTINAR, APRENDE A LIBERARTE DEL ESTRÉS, FORMAS DE ELEVAR LA EFICIENCIA LABORAL

Jorge O. Chiesa

Derechos de autor 2019© Jorge O. Chiesa

Todos los derechos reservados. Ninguna parte de esta publicación puede ser reproducida o distribuida en ninguna forma ni por ningún medio, electrónico o mecánico, incluyendo fotocopias, grabaciones, o por ningún sistema de almacenamiento o recuperación de información, sin el consentimiento previo por escrito de los autores.

Primera Edición

Índice

Introducción: Crea tu propio plan de juego! 5
Aprende a como reducir las distracciones 9
¿Qué es lo primero que debo hacer? 13
    Debes ejercitar tu auto-disciplina 17
    Eres capaz de hacer lo imposible 21
Aumenta tu motivación al máximo potencial 25
    No permitas que los momentos desagradables te hagan ceder! 29
Siempre ten presente tus objetivos 33
Cuídate a ti mismo! 37
    ¿Por qué es de suma importancia la organización en tu vida? 41
    Delegación: el ingrediente principal de la productividad 45
¿Como evito agotarme siendo productivo? 49
Ten siempre provisiones 53
    La importancia de un estado mental positivo 57
No caigas ante la maldad... También conocido la negatividad 61

Completa las tareas de tu objetivo.... O no conseguirás nada..................65
    Hablemos de colaboradores y empleados........69
Complacerte a ti mismo... Es lo mejor que puedes hacer..................73
No le des poder a la sobrecarga de trabajo..............77
    La verdadera razón de por que debes de relajarte más a menudo..................81
    Establece tus prioridades como un rey...............85
Mejora al máximo tus habilidades de comunicación 89
Conclusión: El pilar de todo éxito... Las estrategias! 93

Introducción: Crea tu propio plan de juego!

Un factor que todas las personas exitosas tienen en común es la gestión eficaz del tiempo. Puede que prefieras llamarlo estructura, ponerte a hacer la tarea, o un plan de juego. Cualquier palabra o término que funcione para usted está bien. Mientras lo tomes en serio y lo pongas en práctica, estarás creando uno de los principios básicos de la productividad.

Podría ser una buena idea pensar en esto, y por qué este factor es tan esencial para el éxito. Tal vez pueda empezar por pensar en lo contrario: formas que no funcionan. Incluso si usted tiene una tarea muy pequeña que completar, si no maneja su tiempo apropiadamente, puede que se haga demasiado tarde, o que no se haga en absoluto. Usted puede estar trabajando en una fecha límite, o tener una tarea que no tiene un tiempo específico para ser completada. Si usted no tiene un plan de juego para hacerlo, los resultados no serán satisfactorios. Mientras que la dilación y la pérdida de tiempo impiden la productividad, la falta de una gestión eficaz del tiempo puede ser tan destructiva.

Aumentar su productividad y hacer las cosas significa tener un buen plan de juego. Primero, usted necesita saber exactamente lo que se debe hacer. En segundo lugar, aunque no tenga una fecha límite específica, también debe decidir cuándo debe hacerlo. El tercer paso es ponerse a la tarea de hacerlo.

Usted quiere lograr sus objetivos, ya sean a corto o largo plazo. Usted también quiere estar orgulloso y satisfecho con los resultados. Cuando no te contentas con simplemente "seguir la corriente", y en su lugar tomas en serio tu plan de juego en cada paso del camino, tienes casi garantizado el éxito, el orgullo y la satisfacción.

La estructura y el manejo del tiempo pueden ser fáciles para usted, si han sido una parte regular de su vida. Si no estás acostumbrado a estos conceptos, ahora es el momento de implementarlos en tu vida diaria. Ya sea que usted esté estableciendo su propio negocio, trabajando para alguien más, o si su trabajo es cuidar de su familia, usted cosechará muchos beneficios de establecer un buen plan de juego.

Si alguna vez has sentido que no hay suficientes horas en un día para hacer todo lo que necesitas hacer, este será un paso muy positivo para ti. Usted se sorprenderá gratamente con todo lo que puede lograr. Con un plan de juego, usted puede encontrarse haciendo más cada día de lo que normalmente hace en una semana. No sólo será más productivo, sino que lograr cada objetivo será mucho más fácil. Pronto apreciará este factor tan importante en su éxito.

Aprende a como reducir las distracciones

Hay pocas cosas que bloquean la productividad tan rápidamente como lo hacen las distracciones. Cuando no se puede concentrar y enfocar correctamente, no se pueden hacer las cosas. Incluso si usted logra algo, puede sentirse estresante y frustrante. Ya sea en el trabajo o en la escuela, reducir las distracciones que influyen en su capacidad de ser productivo le ayudará a hacer más cosas.

Hay dos puntos clave que debe tener en cuenta cuando planee reducir las distracciones en su entorno. El primer punto es lo que funciona para usted y lo que funciona para otra persona puede ser completamente diferente. El segundo punto es que a menos que usted haya examinado sus hábitos, puede que no esté cien por ciento seguro de cuáles son los más efectivos para usted. La buena noticia es que no requiere mucho tiempo o esfuerzo para considerar cómo sus hábitos están afectando su productividad, y comenzar a ajustarlos en consecuencia.

Si usted es como la mayoría de la gente en estos días, la multitarea se ha convertido en una parte de su vida diaria y de su vocabulario diario. Puede haber un número de cosas que usted necesita hacer en un día, y usted puede estar haciéndolas simultáneamente. Si se excede con la multitarea, puede haber dos consecuencias. Es posible que no se haga todo, o que se disperse demasiado y no tenga resultados satisfactorios.

Lo mismo puede decirse de las distracciones. Intentar hacer un trabajo, y hacerlo correctamente y bien, no dará resultados satisfactorios si se permite que las distracciones se interpongan en el camino. Trabajar mientras se escucha música, se ve la televisión o se charla por teléfono no está limitado a los adolescentes. Muchos adultos hacen estas cosas en la oficina de su casa, e incluso en una oficina que está ocupada por otras personas. Tal vez te ayuden a concentrarte, pero también pueden arruinar tu concentración y distraerte de lo que estás haciendo. Llegar a ser más productivo requiere un pequeño análisis de sus hábitos. Puede desactivar algunas o todas estas distracciones y ver si puede concentrarse mejor en la tarea en cuestión. Usted puede encontrar que puede hacer el trabajo mejor, más rápido y más efectivamente, sin ninguna distracción en absoluto. Por otro lado, usted puede encontrar que uno de estos factores realmente ayuda en su concentración y enfoque.

Mientras que encontrar lo que funciona para ti es fácil si trabajas por tu cuenta, puede ser un poco más complicado si trabajas con otros. Usted puede encontrar que los compañeros de trabajo que constantemente usan sus teléfonos, visitan o juegan sus radios cerca de su lugar de trabajo lo distraen de concentrarse en su trabajo. Si se acerca a ellos cortésmente, esto puede ser todo lo que se necesita para reducir las distracciones y así poder concentrarse en su trabajo.

¿Qué es lo primero que debo hacer?

Si usted piensa en el pasado cuando estaba en la escuela, tal vez recuerde que los maestros le dijeron que la mejor manera de acercarse a la tarea y a otros proyectos era hacer la tarea más difícil primero. Es posible que también te hayan aconsejado que abordes primero el tema de la tarea que más te disgustó antes de seguir adelante. Este mismo enfoque puede mejorar enormemente su productividad en la actualidad.

Cuando se esté preparando para comenzar un nuevo día de trabajo, trate de empezar a poner en práctica este enfoque. En lugar de empezar con una tarea que te gusta o que te resulta fácil, empieza con una que no te guste o que te parezca muy difícil. Al final del día, puede que se sorprenda gratamente de lo mucho que ha logrado. Usted también sentirá que el día ha ido mucho más suave.

Una de las razones es que al principio de su jornada laboral tendrá más energía. Cuando dedicas esta energía a las tareas más difíciles o que más te disgustan, no te sentirás tan agotado o frustrado al hacerlas. Una segunda razón es que si empiezas con tareas que disfrutas, a menudo te encuentras mirando hacia adelante a las que no te gustan de una manera muy negativa. En lugar de disfrutar de las tareas más fáciles mientras las realiza, teme a las que le esperan. Cuando hagas las más difíciles primero, no sólo te quedará más energía para el resto del día, sino que también apreciarás más las otras tareas cuando llegues a ellas.

Este enfoque aumentará su

productividad. Cuando no veas tu día de trabajo como una batalla larga y cuesta arriba, tendrás más logros. Eliminar primero las tareas que no le gustan, a primera hora del día, generará mejores resultados con todas sus tareas. No sólo hará más, sino que estará mucho más satisfecho con el resultado de todas y cada una de las tareas.

Mientras que es sólo la naturaleza humana querer hacer lo que te gusta primero, tener las cosas más difíciles en el horizonte puede ralentizarte y drenar tu energía. Si quieres ser más productivo y lograr los mejores resultados en todo lo que haces, sigue los consejos de los profesores de tu escuela y realiza primero los trabajos más difíciles. Su productividad aumentará, y terminará cada día con una refrescante sensación de logro.

Debes ejercitar tu auto-disciplina

La autodisciplina es un factor esencial para la productividad y el éxito. Sin ella, uno se vuelve perezoso, desmotivado y dependiente de los demás. La falta de autodisciplina también hace que sea difícil tratar con un empleado, jefe o compañero de trabajo.

Ejercitar la autodisciplina significa, en un término anticuado, ponerse a hacer una tarea. Necesitas saber qué se debe hacer, cuándo se debe hacer, y hacerlo. Una buena autodisciplina incluye un horario básico, o marco de trabajo, de lo que se necesita lograr dentro de un período específico de tiempo. No te permites desviarte, ni dejar las cosas para más tarde.

Sin embargo, ser demasiado rígido con la autodisciplina no aumenta la productividad. Puede incluso disminuirlo. Si no se permite ningún descanso a lo largo de la jornada laboral, o ningún margen de error en absoluto, las expectativas que se está imponiendo a sí mismo son demasiado rígidas. En lugar de hacer más cosas, o hacer más en menos tiempo, puede hacer que se frustre con sus tareas y su trabajo.

Si usted aprendió autodisciplina a temprana edad, probablemente no tenga ninguna dificultad con ella ahora. Por otro lado, si sus años de escolaridad y su vida familiar fueron demasiado rígidos, o si se esperaba poco de usted, este es un buen momento para desarrollar el hábito. Puede que haya logrado deslizarse a través de sus primeros años sin un buen sentido de la autodisciplina, pero será un escollo para su carrera.

Una buena manera de empezar a cultivar la autodisciplina es reconocer de lo que usted es responsable. Usted puede comenzar por hacerse responsable de hacer el trabajo correctamente y a tiempo. Si este es un concepto relativamente nuevo para usted, también necesita reconocer que los errores ocurren, y ser capaz de corregirlos sin una frustración indebida.

Ejercitar la autodisciplina también incluye no dejarse desviar por distracciones y actividades que hacen perder el tiempo. Si bien es posible que necesite y merezca un pequeño descanso durante su día de trabajo, esto no puede desviarlo de la ruta de hacer el trabajo. Cuando haya desarrollado el hábito de la autodisciplina, será más fácil completar las tareas. Se harán bien, y a tiempo. Aumentará su productividad y le ayudará a acercarse más al éxito.

Eres capaz de hacer lo imposible

Si alguna vez has tenido tantas tareas diferentes que completar, o tareas que parecían estar más allá de tus capacidades, sabes lo que es sentir que es imposible. Cuando este tipo de tareas están dentro de su ámbito de responsabilidad, hay algunas maneras positivas de abordarlas. Usted puede encontrar que realmente puede hacer lo imposible.

Algunas veces usted puede ver las tareas como imposibles porque está abrumado por lo mucho que necesita hacer en un corto período de tiempo. Incluso si cada uno de ellos es bastante simple, puede llegar a ser una montaña de trabajo que no se puede esperar razonablemente que se termine. Esto puede suceder cuando usted toma más de lo que puede manejar, o cuando surgen "sorpresas" inesperadas sin la preparación adecuada.

Un enfoque positivo a la situación anterior es ser razonable sobre lo que se puede hacer al principio. Ya sea que asumir demasiadas responsabilidades se deba a una necesidad financiera, tratar de lucir bien para su jefe o superar a un compañero de trabajo, o no pensar en ello cuando se hace cargo de cada tarea, la evaluación de sus capacidades de antemano puede eliminar este problema. Un enfoque positivo de esta última situación es aprender a establecer prioridades. Si surge una tarea o proyecto inesperado mientras usted se ocupa de sus otras tareas, debe decidir qué tareas deben completarse inmediatamente y cuáles pueden esperar hasta más tarde. En muchos casos, pedir más tiempo para hacer todo es una buena idea.

A veces puedes tener un proyecto que realmente está más allá de tus capacidades. En estos casos, el mejor enfoque es reconocer sus limitaciones. Dependiendo de las circunstancias, usted puede pedir ayuda o declarar que no puede hacerlo.

Una buena gestión del tiempo y un reconocimiento claro de sus habilidades son las claves para hacer lo imposible. En lugar de estar abrumado por el trabajo, o estresado por algo que simplemente eres incapaz de hacer, estarás aumentando tu energía y tu autoestima. Mientras que nadie puede hacer todo, y nadie puede hacer todo igual de bien, usted estará procediendo lo mejor que pueda. Esto, a su vez, reducirá la sensación de estar abrumado y le ayudará a ser mucho más productivo.

Aumenta tu motivación al máximo potencial

Todos hemos escuchado a la gente decir que "no estaban motivados" como excusa para no hacer las cosas. En la mayoría de los casos, esta es una manera educada de decir que son perezosos. En el mundo real, donde la productividad y el éxito son esenciales, la motivación es un elemento clave. Si no le resulta natural, puede examinar formas de aumentar su propia motivación y ponerla en práctica todos los días.

Cuanto más motivado esté, más podrá hacer. Una manera en que puede tratar de aumentar su motivación es disfrutar y apreciar sus logros. En lugar de esperar hasta que haya alcanzado su meta, comience disfrutando y apreciando cada tarea que realice a lo largo del camino. Si bien no debe perder el tiempo ni desviarse del camino, darse una palmadita figurativa en la espalda para tareas bien completadas y correctamente puede ser una gran manera de aumentar su motivación. Usted querrá hacer más; y querrá continuar sobresaliendo.

Al hacer esto, también le ayudará a aumentar su resistencia. En lugar de sentirse abrumado por un objetivo principal en el horizonte, que puede dejarlo cansado y estresado, puede hacerlo sentir con más energía y mejor preparado para la siguiente tarea.

Es fácil para una persona perder su sentido de motivación cuando siente que no está logrando nada. Esto puede hacer que no se sienta muy bien con lo que hace, e incluso que haga menos. Afortunadamente, no es difícil revertir este patrón y salir adelante. Cuando te acostumbras a sentirte contento por cada tarea que realizas, y te enorgulleces de todos y cada uno de los logros, aumentará tu motivación para hacer aún más, y para hacerlo mejor cada vez.

A medida que la motivación y la energía están conectadas, también verás que tienes mucha más energía para todas las tareas que tienes por delante. No importa cuán grande sea tu meta final, o cuánto tiempo y trabajo necesites dedicarle para lograr esa meta en particular, te sorprenderás gratamente de lo bien que progresa todo. A medida que su motivación y su energía aumenten, usted podrá hacer más y más. Verá cuán grande puede ser la productividad cada día.

No permitas que los momentos desagradables te hagan ceder!

Uno de los mayores obstáculos a la productividad es el enfoque que muchas personas adoptan para superar los reveses. Si usted ve un contratiempo como un fracaso, no sólo puede limitar su productividad, sino que puede llegar a impedir que usted haga algo en absoluto. Esto es cierto en cualquier línea de trabajo, escolaridad o cualquier otra área de la vida. Cuando usted ve un contratiempo como un fracaso, puede impedir que siga adelante. Puedes lograr menos, o puedes no lograr nada en absoluto.

Los reveses ocurren en todas las áreas de la vida. Independientemente del tipo de trabajo que tenga, es probable que lo experimente de vez en cuando o con regularidad. Los reveses pueden ocurrir por cometer errores, por no estar adecuadamente preparado para lo que necesita hacer, o por problemas inesperados que no son culpa de nadie. La forma en que usted experimenta y ve un revés determina cómo le afectará a usted y a su productividad.

Sin embargo, hay una perspectiva que puede evitar que se convierta en un obstáculo y, de hecho, aumentar su productividad. Si el contratiempo se debió a un error de su parte, o si no fue culpa de nadie, negarse a verlo como un fracaso es el primer paso para volver a encarrilarlo.

El segundo paso es ver el revés como una oportunidad para hacerlo mejor la próxima vez. Si usted ha cometido un error en su trabajo, el mejor enfoque es tratar de corregir el error y seguir adelante. Aunque es esencial que no intente encubrir un error, no puede permitirse permitir que un error le haga parar. Si no lo corriges y sigues adelante, es posible que te encuentres pensando en ello. Es posible que te castigues por el error, o incluso que te obsesiones por él. Estos comportamientos nunca son útiles. No sólo le impedirán hacer las cosas, sino que también le harán sentir mal consigo mismo. En el peor de los casos, puede hacer que te sientas incompetente. Esta no es la manera de hacer las cosas.

Ver cada contratiempo como una experiencia de aprendizaje es un enfoque mucho mejor. Puedes decirte a ti mismo que eres capaz de hacerlo mejor, y capaz de hacer más. Siempre y cuando miren los reveses de esta manera, en lugar de como fracasos, no les impedirán seguir adelante. Corregir el error y aprender de él, y seguir adelante. Cuando haya desarrollado este patrón, y lo convierta en una parte regular de su vida laboral, los reveses no se interpondrán en el camino de ser productivo.

Siempre ten presente tus objetivos

"Si no sabes adónde vas, puede que no llegues nunca a tu destino." El jugador y entrenador de los Yankees de Nueva York, Yogi Berra, estaba en el blanco cuando hizo esa declaración. Es un excelente pensamiento a tener en cuenta para su vida laboral.

Usted puede sorprenderse de cuántas personas no saben lo que buscan en su vida laboral. Por otro lado, usted podría ser una de esas personas. Si es así, ahora es el momento de orientarse hacia los objetivos. Cuando sabes adónde vas, ese es uno de los pasos más importantes para asegurarte de que llegues allí.

Cuando te preparas para ir a trabajar

por la mañana, ¿cuál es el primer pensamiento que cruza tu mente sobre el tema de tu meta? Si eres como muchas personas, no piensas en ello en términos de una meta en absoluto. En lugar de eso, puede estar pensando en cuánto trabajo tendrá que hacer, o qué tan bueno será el cheque de pago al final de la semana. Si cambias tus pensamientos a una meta, serás mucho más productivo.

Dependiendo de la naturaleza de su trabajo, las metas pueden tomar una variedad de formas diferentes. Usted puede tener algo que producir por su cuenta, o puede ser parte de un equipo. Usted puede tener un sentido muy positivo de autodisciplina, o trabajar muy bien como jugador de equipo. Cualquiera que sea su lugar en su vida laboral, estar orientado a los objetivos aumentará su productividad.

Estar orientado a los objetivos no tiene por qué significar centrarse únicamente en un gran logro. Si empiezas a verlo como un número de pequeñas metas, cada una de las que alcances te proporcionará dos beneficios. Cada uno de ellos te motivará más para continuar, así como para acercarte más al gran logro.

Nada puede lograrse de la noche a la mañana. Todo lo que realmente vale la pena requiere tiempo, esfuerzo y trabajo. Cuando pongas tu mirada en la meta grande en la distancia, y en cada una de las metas que necesitas lograr para llegar allí, pronto verás cuánto más productivo serás en cada paso del camino. Simplemente seguir la corriente y no poner su énfasis en sus metas lo retrasará. No lograrás mucho si no te concentras en el logro. Cuando sabes adónde vas, es la forma más segura de saber que llegarás allí.

Cuídate a ti mismo!

Si usted es como la mayoría de las personas, probablemente ha tenido la experiencia de trabajar toda la noche para hacer algo. Es posible que no haya dormido, se haya saltado comidas y otros factores importantes en el autocuidado, con el propósito de terminar una tarea o cumplir con una fecha límite. Aunque a veces es necesario hacer esto, descuidar el autocuidado de manera regular o frecuente será contraproducente. Su salud puede sufrir mientras no esté logrando casi todo lo que esperaba.

Cuidarse a sí mismo no sólo lo mantendrá en buena salud, sino que también lo mantendrá productivo. La persona que no duerme regularmente, o que depende de la comida chatarra en lugar de comer alimentos nutritivos, no estará a la altura física o mentalmente. Mientras que usted puede creer que está dando el cien por cien a su trabajo, estos hábitos poco saludables resultan en tener menos que dar.

Por otro lado, si usted duerme lo suficiente de manera regular y se asegura de tener una dieta saludable, tendrá más que dar a su trabajo. Cuando usted está en una condición de primera clase, se concentrará mejor, estará más alerta y no se fatigará tan fácilmente. Lo harás mejor, y harás más.

Si su día de trabajo ha consistido en tomar muchas tazas de café u otros estimulantes de energía artificiales, es hora de examinar sus hábitos de autocuidado. Si usted se da cuenta de que no ha estado durmiendo lo suficiente y ha estado confiando en estos productos para mantenerlo funcionando, o si encuentra que la buena nutrición ha sido reemplazada por comida chatarra y bocadillos, es hora de evaluar lo que estos hábitos le están haciendo a su salud en general. También es hora de pensar en los efectos que puede estar teniendo en su trabajo.

Aunque casi todo el mundo está ocasionalmente en la posición de saltarse una comida o trabajar hasta tarde en la noche, si estos se han convertido en hábitos para usted, no es probable que le estén ayudando a ser más productivo. De hecho, probablemente te estén retrasando.

Incluso si usted tiene un trabajo de ritmo acelerado con muchas responsabilidades y plazos, descuidar el autocuidado adecuado es contraproducente. Cuando comience a desarrollar el hábito de dormir lo suficiente y llevar una dieta adecuada, estará haciendo más que cuidarse a sí mismo. Usted conseguirá hacer más, y estará más satisfecho con los resultados.

¿Por qué es de suma importancia la organización en tu vida?

Si lo piensas, ser organizado es uno de los factores más esenciales para ser productivo. No es necesario ser extremadamente rígido para ser organizado, pero sí es necesario ser consciente y conciente de todo lo que pasa en su día de trabajo. Hacer las cosas significa estar organizado con su tiempo, los suministros y equipos que utiliza y sus expectativas.

Puedes pensar en alguien que es desorganizado, y cómo afecta su trabajo. Puede apresurarse a toda prisa en el día de trabajo, faltar a las citas, no estar seguro de lo que debe lograr y ser descuidado con los suministros o equipos con los que trabaja durante el día. Esta es una persona que no consigue hacer las cosas, porque estar desorganizada le impide ser productiva.

Usted conseguirá mucho más en un período de tiempo más corto si está bien organizado. Usted puede comenzar por hacer un horario básico de lo que necesita hacer y cuándo debe hacerlo. Usted puede asegurarse de que sabe de antemano dónde se encuentran todos sus suministros, para que no pierda el tiempo buscando algo cuando necesite usarlo.

Estar organizado con elementos de tiempo y materiales no es difícil en absoluto. Sin embargo, si aún no ha cultivado este hábito, podría requerir un poco de práctica antes de que comience a sentirse completamente natural para usted. Preparar un bosquejo de su día de trabajo le ayudará a estar donde necesita estar, y a hacer las cosas a tiempo.

Mantener todos sus suministros ordenados y organizados le ayudará a evitar perder el tiempo y frustrarse por no poder encontrar fácilmente los artículos cuando los necesita.

Cuando su objetivo es aumentar su productividad - para conseguir que las cosas se hagan - ser organizado es un factor esencial. Si usted es una de las muchas personas que aún no ha desarrollado este hábito positivo, los resultados pueden sorprenderlo. Pronto verá que está logrando mucho más, haciendo un mejor trabajo y terminando con resultados más satisfactorios. Estar mejor organizado en todos los aspectos de su vida laboral mejorará en gran medida su productividad.

Delegación: el ingrediente principal de la productividad

Hay dos tipos diferentes de delegación que son ambos negativos. Ambos pueden inhibir la productividad, en lugar de aumentarla. Si usted reconoce cualquiera de estos factores en su vida laboral, puede comenzar a cambiarlos para obtener mejores resultados.

La primera forma negativa de delegar involucra a la persona que quiere hacerlo todo por sí misma. Si bien esto puede parecer positivo al principio, en realidad no lo es en absoluto. La persona que insiste en asumir más trabajo del que puede razonablemente hacer, o trabajo que no es plenamente capaz de realizar por sí mismo, no sólo se hace menos productivo, sino que también afecta a la productividad de todos los que cuentan con él para hacer el trabajo. Ya sea que tenga miedo de pedir ayuda, o que simplemente se jacte, esto puede ralentizar a todos los demás, así como a sí mismo.

La segunda forma negativa de delegar involucra a la persona que elude sus propias responsabilidades. Puede pedir a otros que hagan tareas que realmente debería estar haciendo él mismo. No sólo no está cargando con su propio peso, sino que está ocupando el valioso tiempo de otras personas.

La delegación positiva es sensata. Cuando reconoces que no puedes hacerlo todo, y que no puedes hacerlo todo igual de bien, estás aumentando tu propia productividad además de la productividad de los que te rodean.

Cuando usted tiene una tarea o proyecto muy grande o muy difícil, pedirle a otros que le ayuden a hacer el trabajo, y hacerlo más rápido. En lugar de considerar la delegación como una admisión de debilidad o incompetencia, usted está reconociendo el alcance de su propio papel y sus propias capacidades. Esto, a su vez, dará a otros la oportunidad de colaborar y ayudar a hacer el trabajo.

Delegar por el hecho de hacer menos de lo que se puede hacer, o menos de lo que se puede esperar razonablemente que se haga, siempre es negativo. Sin embargo, cuando se enfrenta a más trabajo del que puede hacer razonablemente por su cuenta, o a un trabajo que no es capaz de realizar por su cuenta, la delegación es la solución sensata. Cuando un trabajo necesita ser hecho, y a tiempo, y bien, el trabajo en equipo dará los mejores resultados.

¿Como evito agotarme siendo productivo?

Hay muy poco que pueda causar una disminución en la productividad tan fácilmente como el agotamiento. Mientras que usted puede estar tentado a creer que poner cada momento de su vida a trabajar en su trabajo es una buena manera de hacer las cosas, hay un factor adicional que usted puede no haber considerado. Cuando te llevas tu trabajo a casa en sentido figurado, puedes aumentar el riesgo de agotamiento y lograr mucho menos a largo plazo.

Esta forma de llevar su trabajo a casa no implica hacer algún trabajo esencial durante su tiempo libre. Implica mantener tu trabajo en tu mente durante tus horas libres. Cuando estás en casa, o en cualquier otro lugar que no sea tu lugar de trabajo, puedes quemarte fácilmente si lo mantienes como tu principal objetivo.

Durante sus horas libres, usted puede dedicar mucho tiempo a pensar en su trabajo. Usted puede preocuparse de si va a hacer algo a tiempo, o de la calidad general de su trabajo. Esto puede llevarle a estar demasiado estresado, ansioso y abrumado. Es posible que se sienta más fatigado por su trabajo cuando está pensando en él y preocupándose por él que cuando realmente está haciendo su trabajo.

Si usted no tiene trabajo que completar después de su jornada laboral normal, puede evitar el agotamiento dejando su trabajo en su lugar de trabajo cuando se vaya a casa. En lugar de estresarte por lo que necesites lograr al día siguiente, o por el progreso que estás haciendo con algo en lo que estás trabajando, trata de aprender a dejar esos pensamientos y preocupaciones en tu lugar de trabajo.

   Cuando tenga tiempo libre, desarrolle algunos hábitos positivos. Aprender a relajarse, a participar en actividades recreativas saludables y a dedicar su tiempo y concentración a sus amigos y familiares reducirá el riesgo de agotamiento. Cuando haya comenzado a desarrollar estos hábitos, no tardará mucho en ver los resultados. Usted comenzará cada nuevo día de trabajo sintiéndose física, emocional y mentalmente refrescado. Usted tendrá más para dar a su trabajo cuando se refresque. Usted estará más motivado, más enérgico y más productivo.

Ten siempre provisiones

Usted puede haber oído el viejo dicho de que un buen trabajador siempre cuida de sus herramientas. Esto es igualmente relevante, ya sea que trabaje en una oficina, en un lugar de trabajo o desde su casa. Mantener todos sus suministros en excelentes condiciones de funcionamiento y de fácil acceso lo hará más productivo.

No importa qué tipo de suministros utilice durante su jornada laboral promedio, la negligencia puede ralentizarlo. Usted no puede hacer un trabajo efectivo si sus suministros están rotos, dañados o desgastados por el uso. Si intenta utilizar suministros que no están en buenas condiciones, la calidad de su trabajo puede verse afectada. Puede tomarle mucho más tiempo hacer las cosas, y no se harán tan bien como lo harían con suministros que están en perfectas condiciones.

Piénsalo de esta manera: si estás tratando de trabajar en un ordenador que no está a la altura, o usando una herramienta manual que está doblada o dañada, o una pieza de equipo de oficina que se para mientras lo estás operando, tu productividad puede llegar a un punto muerto completo. Usted puede frustrarse o enojarse, y posiblemente no hacer el trabajo en absoluto.

Cuando todos sus suministros, herramientas y equipo se mantienen en condiciones ideales, están en mejores condiciones para hacer el trabajo correctamente. Su trabajo no se ralentizará y no se arriesgará a errores por equipos defectuosos. Un buen suministro en buenas condiciones significa hacer las cosas y tener los mejores resultados.

No importa cuán apresurado esté para completar una tarea y terminar un día de trabajo, tomarse unos minutos para asegurarse de que todo está en buenas condiciones le ahorrará tiempo y eliminará frustraciones innecesarias. También puede hacer un esfuerzo para reemplazar los suministros o equipos dañados tan pronto como sea posible. Usted puede llevar este nuevo hábito positivo aún más lejos, asegurándose de que todos sus suministros y equipos se guarden donde pertenecen cuando termine de usarlos.

Estos nuevos hábitos le beneficiarán a usted, así como a todos los que usan los mismos suministros y equipos. Cuando todo es revisado y guardado en buenas condiciones, todos estarán en buenas condiciones y fácilmente accesibles la próxima vez que usted u otra persona los necesite. Esto hará que su día de trabajo sea mucho más suave, y usted será más productivo.

La importancia de un estado mental positivo

Nada tiene el poder de aumentar su productividad tan segura y fácilmente como un estado de ánimo positivo. Si bien es posible que no tenga el tiempo o la inclinación para repetirse afirmaciones a sí mismo a lo largo de la jornada laboral, es esencial reconocer que su forma de pensar influye y afecta su productividad.

Si tiene problemas en su vida personal, cuanto más capaz sea de mantenerlos fuera de su día de trabajo, mejor será su rendimiento. Incluso si algo es especialmente problemático, usted debe hacer todo lo posible para mantener sus problemas personales separados de su vida laboral. Si hay algo con lo que necesita ayuda, obtener ayuda durante su tiempo libre puede evitar que interfiera con su trabajo.

Por otro lado, si hay algo negativo en su vida laboral, debe ser abordado y tratado lo antes posible. Sentirse abrumado, ansioso, estresado o agobiado sólo le retrasará.

Cuanto más sea capaz de permanecer positivo y optimista, más logrará. Incluso si usted se enfrenta a una tarea que es especialmente grande o difícil, un estado de ánimo positivo puede ayudarle a lograr más de lo que usted pensó que podría.

No se puede hacer nada de una vez. A veces se necesitan muchos pasos pequeños para hacer algo. A veces se producen errores y contratiempos. Sin embargo, cuando usted tiene en mente que cada paso lo está acercando a su meta, usted está en el camino correcto. Cuando te dices a ti mismo que cada pequeño logro es una meta cumplida en sí misma, te estás dando el aliento y la motivación que necesitas para tener éxito.

Tener un estado de ánimo positivo no es algo natural para todos. Si usted es una de las muchas personas que nunca han pensado mucho en ello, hoy es el momento ideal para empezar. Un estado de ánimo positivo le permitirá sentirse más seguro de sí mismo y más seguro de sus habilidades. Incluso si la confianza en sí mismo es una experiencia relativamente nueva para ti, estarás cosechando las recompensas en poco tiempo. Pronto verá lo mucho que un estado de ánimo positivo afecta lo mucho que se hace, y lo contento que está con los resultados. Usted será más productivo y estará más satisfecho con el resultado.

No caigas ante la maldad... También conocido la negatividad

La negatividad es un gran obstáculo para la productividad. También asegura que cualquier cosa que se haga no sea ni satisfactoria ni apreciada. Ya sea que la negatividad que necesitas resistir sea la tuya o la de alguien más, cuanto más rápido se resuelva, más pronto volverás a estar en el camino correcto.

La negatividad puede venir en muchas formas, y todas ellas son contraproducentes. La negatividad puede venir en forma de menosprecio. Es posible que no esté seguro de su capacidad para hacer el trabajo o para hacerlo bien. Si usted cree que el fracaso está en el horizonte, esta es la forma más segura de hacerlo realidad. Usted puede resistir la negatividad de la infravaloración recordándose a sí mismo de su competencia. Es posible que tenga que practicar esto con regularidad. Cuando no permiten que una luz negativa eclipse sus habilidades, esto les impedirá detenerse.

La negatividad también puede venir en forma de queja. Ya sea que usted se esté quejando de su trabajo o de otra cosa en su vida, este tipo de negatividad puede afectar su trabajo. Las quejas lo desgastan y arruinan su capacidad para concentrarse adecuadamente. Cuando usted se resiste a quejarse cada vez que siente el deseo de hacerlo, estará tomando medidas para mantener la negatividad fuera de su vida laboral. En lugar de cansarse y ponerse gruñón por quejarse, su nivel de energía estará en su mejor momento.

La preocupación es otra forma de negatividad. Puede ralentizarlo y hacer que sea menos productivo. Aunque suene difícil, un buen enfoque es recordarse a sí mismo que la preocupación no logra nada. Si el tema es algo que usted puede resolver, hacerlo lo más rápido posible reducirá su preocupación. Si no se puede tratar inmediatamente, trate de no preocuparse mientras trabaja. Es posible que incluso tenga que decirse a sí mismo que la preocupación por sí misma no resolverá un problema. Esto le ayudará a concentrarse mejor.

Si usted encuentra que su negatividad es extrema, pedir ayuda externa puede ser útil. Puedes aprender a estar en un mejor estado de ánimo. Esto es mejor para su salud en general, y también mejor para su productividad. Cuanto más capaz sea de resistirse a la negatividad de manera regular, más logrará.

Completa las tareas de tu objetivo.... O no conseguirás nada

Algunas personas tienen el hábito de ver su meta como lo principal que necesitan lograr. Incluso pueden considerarlo como la única cosa que necesitan lograr. Si esto le suena a usted, le falta algo muy importante que puede aumentar su productividad. Si miras todas y cada una de las tareas que necesitas completar para alcanzar tu meta como algo muy importante en sí mismo, tu progreso será mucho más suave y podrás hacer más.

Una buena manera de pensar sobre esto es en términos de construir una casa. Si sólo piensa en la casa terminada, le faltan todos los pasos a lo largo del camino. Hay muchos pasos necesarios para construir una casa. Ninguno se puede omitir o hacer mal si quiere que la casa sea fuerte y esté en excelentes condiciones cuando esté terminada.

Las metas que usted tiene en su vida laboral son similares.
Independientemente de en qué consiste su objetivo particular, hay una serie de pasos que deben seguirse para lograrlo. Para obtener los mejores resultados posibles, cada tarea a lo largo del camino requiere su tiempo, esfuerzo, trabajo y concentración.

Si tiene una meta muy importante por delante, puede que se sienta tentado a acortar algunas de las tareas intermedias. Usted puede incluso tener la idea de que apresurarse en sus tareas le ayudará a alcanzar la meta final mucho antes. Este nunca es un buen enfoque. Cuando usted no da lo mejor de sí mismo en todas y cada una de las tareas, por pequeñas que sean, los resultados finales no serán tan satisfactorios como usted espera.

Dar lo mejor de ti a cada tarea no significa hacer que algo parezca más importante de lo que realmente es, perder el tiempo u olvidarte de tu objetivo final. Dar lo mejor de ti significa asegurarte de que cada tarea que hagas reciba el tiempo y la atención que merece. Esto significa que hasta los trabajos más pequeños se toman tan en serio como los más grandes.

Dedicando una cantidad apropiada de tiempo y atención a cada una de las tareas que usted haga no lo retrasará. De hecho, puede ayudarle a estar mejor motivado para cada tarea que tenga por delante. Cuando das lo mejor de ti a cada uno, no importa cuán pequeño sea, estás aumentando tus posibilidades de estar completamente satisfecho con los resultados finales cuando alcanzas tus metas más grandes.

Hablemos de colaboradores y empleados

Hay una tendencia que es popular en el mundo de los negocios hoy en día. Algunas personas creen que la competencia es la mejor manera de impulsar la productividad. No importa en qué línea de trabajo se encuentre, es muy probable que este enfoque sea contraproducente.

Primero, el trabajo en equipo es mucho mejor que la competencia. Cuando se utiliza el enfoque de que todo el mundo está trabajando por el bien común de la empresa, se hará más. Cuando se elimina el sentido de la competencia, cada persona querrá aportar lo mejor de sí misma, simplemente porque le corresponde hacerlo. No sentirá que debe superar a sus compañeros de trabajo, lo que a su vez aumentará la sensación de trabajo en equipo. Cuando todos están trabajando en equipo, y trabajando hacia una meta común, la productividad aumentará.

En segundo lugar, todo el mundo necesita sentir que es valorado. Esto es tan cierto en el lugar de trabajo como en cualquier otro lugar. El mejor empleado, y el que hace más, es el que cree que su trabajo es apreciado.

Otro factor para aumentar la productividad es reducir la cantidad de tensión, fricción y conflicto en el lugar de trabajo. Cuando hay empleados que se esfuerzan por no llevarse bien con los demás, esperan que alguien más haga su trabajo por ellos, o simplemente son difíciles de estar con ellos de forma regular, este tipo de problemas deben ser tratados lo más rápido posible. Todo lo que hace falta es que una o dos personas a las que les gusta discutir, o eludir sus responsabilidades hacia los demás, conviertan cualquier lugar de trabajo en un lugar incómodo donde nadie pueda concentrarse en hacer su trabajo. Es importante eliminar estos problemas para que todos en el lugar de trabajo puedan hacer las cosas.

La productividad es máxima en el lugar de trabajo, donde todos los presentes se llevan bien. Esto no significa perder tiempo con charlas y visitas innecesarias. Por lo general, basta con reconocer que todos están allí para el mismo propósito.

El lugar de trabajo debe ser un lugar donde cada empleado se sienta cómodo. Debe ser un lugar donde todos sepan que todos sus compañeros de trabajo tienen los mismos objetivos en mente. Cuando cada persona sabe que es una parte valiosa de la compañía, y una parte valiosa del equipo, cada persona se sentirá más segura y será más productiva.

Complacerte a ti mismo... Es lo mejor que puedes hacer

Animarse a sí mismo recompensándose a lo largo de la línea puede ser algo bueno. Desafortunadamente, si se aborda de manera equivocada puede ser más problemático de lo que vale la pena. Si crees que te debes tiempo libre, golosinas especiales, o algo más digno de mención cada vez que logras algo, pronto te encontrarás a ti mismo logrando muy poco. En lugar de verlo como una recompensa por un trabajo bien hecho, puede empezar a sentir que tiene derecho a recibir recompensas o favores especiales por completar tareas que están dentro de su ámbito de responsabilidad de todos modos.

Por eso, no suele ser una buena idea

concederse pequeños "extras" para hacer su trabajo. Es aún más negativo si usted espera un reconocimiento especial o recompensas de su jefe o compañeros de trabajo por hacer lo que se supone que debe hacer. Recompensarse a lo largo de la línea como si hubiera hecho un logro espectacular no es la mejor manera de hacer el trabajo.

En cambio, aplicar algo de auto-aliento debería ser la única recompensa que usted necesita. Cuando usted completa una tarea a tiempo, o hace un proyecto especialmente bien, puede reconocer que es un éxito pequeño pero importante. Cuando se aplica este tipo de autoestimulación con una palmadita figurativa en la espalda, se está recompensando a sí mismo por un trabajo bien hecho. También estará preparado para pasar a la siguiente tarea o al siguiente paso.

Este concepto funciona igualmente bien tanto si trabaja solo como en grupo. Si nadie se siente obligado a creer que debe obtener algún tipo de reconocimiento especial por hacer su trabajo, la prioridad será hacerlo. En entornos de trabajo que incluyen un número de personas que trabajan juntas como grupo, nadie se sentirá más o menos importante que los demás. Cada persona se dará cuenta de que se espera que contribuya con algo, sin esperar recibir nada único por hacerlo.

Alentarte a lo largo del camino te servirá para mantener tu espíritu en alto y tu sentido de motivación en su apogeo. Mientras que los logros significativos pueden resultar en algún tipo de recompensa extra, el auto-aliento debe ser la única recompensa necesaria para hacer su trabajo.

No le des poder a la sobrecarga de trabajo

Hay dos maneras en las que usted puede sobrecargarse. Usted puede asumir más trabajo del que es razonablemente capaz de realizar; o puede asumir un trabajo que está más allá de sus capacidades. Ambos pueden sobrecargar su energía, hacer que se frustre y que se desanime mucho. También resultan en una disminución de la productividad.

Usted puede conocer a alguien que es un adicto al trabajo. Puede que esté encontrando algún aspecto de su trabajo que hacer mucho después de haber dejado el lugar de trabajo. Puede sentir que siempre hay algo más que necesita hacer, muchas horas después de haber dejado el trabajo. Esta persona puede sentir que no se hará ningún trabajo, o que no se hará correctamente, a menos que él mismo lo esté haciendo.

Si usted es esta persona, ahora es un buen momento para evaluar sus hábitos de extenderse demasiado. Mientras que seguramente quieres ser concienzudo y completar todo lo que es tu responsabilidad, sobrecargarte no te hará más productivo. Puede tener exactamente el efecto contrario.

Extenderse demasiado de manera regular lo agotará, lo quemará y causará estragos en su salud. Permitirse entrar en esta condición puede afectar su capacidad para concentrarse y enfocarse adecuadamente. Usted puede comenzar a cometer errores innecesarios, o volverse olvidadizo. No conseguirás hacer todo lo que esperabas.

Usted puede resistirse a extenderse demasiado siendo razonable tanto con respecto a sus habilidades como a su tiempo. Aunque estés trabajando en un proyecto muy importante, no puedes poner "24/7" en él y esperar que salga bien. Usted necesita tomar una cantidad razonable de tiempo para descansar, comer y hacer ejercicio, e incluso algo de recreación, con el fin de estar en las mejores condiciones para hacer el trabajo.

Extenderse demasiado al intentar hacer un trabajo que está más allá de sus capacidades también puede ser contraproducente. Si usted no está completamente calificado para hacerlo, no saldrá bien. En lugar de extenderse demasiado con algo que usted sabe que no puede hacer, es mejor dejárselo a alguien que realmente esté capacitado para completarlo correctamente.

No es necesario que se desanime con respecto a su trabajo. Si te esfuerzas por no extenderte demasiado, serás más productivo que si intentas hacerlo todo por ti mismo.

La verdadera razón de por que debes de relajarte más a menudo

El estrés tiene muchos resultados y ninguno de ellos es positivo. Los resultados del estrés pueden obstaculizar la realización de un trabajo. Incluso si un trabajo está terminado, los resultados del estrés pueden minimizar su sentido de logro y satisfacción. Cuando se desestresa, dará lo mejor de sí mismo y apreciará el resultado.

Como cada persona es un individuo, puede ser útil para usted determinar las mejores maneras de desestresarse. Una pausa para tomar un café, una caminata rápida, o pensar en algo completamente diferente durante unos minutos, son algunas de las maneras que pueden ser útiles para usted. Su propia personalidad y necesidades individuales deben ser los factores decisivos. Un método que funciona para una persona no necesariamente funciona tan bien para la siguiente.

Si no desestresas cuando sea necesario, no harás mucho. El estrés puede anular tu concentración, dejándote concentrado en todo lo que no sea la tarea en cuestión. Demasiado estrés, especialmente si es prolongado, puede hacer que usted se sienta fatigado y físicamente enfermo. Además de causar dolores de cabeza y una sensación general de malestar, el estrés prolongado incluso tiene el poder de debilitar su sistema inmunológico. En el peor de los casos, el estrés extremo y prolongado puede resultar en complicaciones médicas.

Cuando el estrés tiene el poder de causar todos estos problemas, debería ser fácil ver cómo puede afectar su trabajo. Es por eso que el desestresarse cuando sea necesario no debe ser considerado un lujo, una tontería o una pérdida de tiempo. Descuidar la necesidad de desestresarse puede impedir que se haga algo.

El desestresamiento no debe ser visto como una excusa. Una vez que haya comenzado a evaluar los efectos del estrés en su vida laboral, no debería ser difícil determinar cuándo surge la necesidad de desestresarse. Sin embargo, ni usted ni su trabajo pueden permitirse el lujo de usar el desestresamiento como excusa para ser perezosos o irresponsables. Con sólo una pequeña cantidad de práctica, darse cuenta cuando el estrés está empezando a tener un efecto en su trabajo será fácil. Un pequeño descanso para cualquier tipo específico de método de desesfuerzo es el más apropiado para que usted reduzca o alivie su estrés. Cuando no se sienta abrumado por el estrés, será más fácil concentrarse en lo que está haciendo y hacerlo.

Establece tus prioridades como un rey

Cuando usted está en el trabajo, prácticamente todo lo que hace es importante. Sin embargo, establecer y clasificar sus prioridades le ayudará a mantener todo en la perspectiva adecuada. Esta es una manera positiva de hacer las cosas.

Establecer y clasificar las prioridades significa reconocer que algunas tareas requieren más tiempo que otras, y que algunas tareas requieren más trabajo que otras. Si comete el error de tratar de asignar la misma cantidad de tiempo a cada tarea, esto lo retrasará y no logrará tanto como debería.

Mientras que usted quiere dar lo mejor de sí mismo en cada tarea, determinar cuáles requerirán más tiempo y esfuerzo es un enfoque mucho más productivo que tratar de ver todo por igual.

Establecer y clasificar sus prioridades también significa determinar qué tareas deben completarse primero. Usted puede imaginar que esto es sólo lógico, pero a menudo no sucede de esa manera. Tal vez haya un proyecto muy grande en el horizonte, que requerirá una cantidad significativamente mayor de tiempo y esfuerzo que los proyectos más pequeños que tiene a mano. Tal vez haya uno que incluya un plazo importante, o incluso una fecha límite. En casos como estos, usted puede haber estado tentado a hacer las tareas más pequeñas y fáciles primero. Aunque esto significa que estas tareas más fáciles se completarán, es posible que la que usted debería haber prestado atención en primer lugar no lo haga.

Cuando clasifique sus prioridades, puede comenzar por decidir qué trabajo o proyecto necesita su atención antes que cualquier otro. Este método no sólo asegurará que se haga, sino también que lo haga sin suficiente motivación para hacerlo correctamente. Similar a lo que se dijo anteriormente en este libro acerca de tomar los trabajos más difíciles primero, mientras más pronto comience uno con una fecha límite, más probable será que lo complete a tiempo.

Establecer y clasificar sus prioridades no es una tarea difícil ni requiere mucho tiempo. Si comienza cada día de trabajo con un breve resumen de todo lo que necesita lograr, puede asignar la máxima prioridad a las tareas que deben completarse primero. Todo su día de trabajo será mucho más suave, y usted podrá hacer más.

Mejora al máximo tus habilidades de comunicación

Ya sea que trabaje por su cuenta o en una oficina ocupada, las buenas habilidades de comunicación deben ser una parte estándar de su vida laboral diaria. Cuanto mejor se convierta en estas habilidades, más podrá hacer. A su vez, todas las personas con las que trabaja pueden ser más productivas.

Algunas personas necesitan que se les recuerde que las buenas habilidades de comunicación incluyen saber la diferencia entre una comunicación fructífera y una pérdida de tiempo inútil. Usted puede tener a alguien en su oficina a quien le gusta "visitar" a sus compañeros de trabajo durante todo el día, o siempre parece estar hablando por teléfono. Este tipo de actividad social no es apropiado para el lugar de trabajo. Impide que se haga el trabajo.

Las buenas habilidades de comunicación en el lugar de trabajo se pueden resumir en dos categorías. Existe el tipo de comunicación que debe ser lo más directa, breve y directa posible. Puedes decir lo que sea necesario decir, o hacer una pregunta, o aclarar algo, sin perder tu propio tiempo o el tiempo de la otra persona. El otro tipo de comunicación es la que implica dar, recibir o intercambiar información. Es posible que tenga que informar a alguien sobre un aspecto del trabajo o solicitar una explicación detallada sobre un proyecto. En la mayoría de los casos, estas son las únicas formas de comunicación que mejoran el lugar de trabajo y aumentan la productividad.

Las buenas habilidades de comunicación también implican ser receptivo y escuchar lo que la otra persona está diciendo. Esperar simplemente su turno para hablar es un hábito negativo que debería haber sido eliminado en la infancia. Si aún no ha desarrollado el hábito de escuchar bien, puede ser útil practicar este hábito durante su tiempo libre. Si ocasionalmente almuerzas o descansas con tus compañeros de trabajo, este puede ser un excelente momento para desarrollar tus habilidades auditivas.

Practicar buenas habilidades de comunicación en el lugar de trabajo ahorra tiempo. Cuando las preguntas, las respuestas y las explicaciones se reciben en su totalidad cuando se pronuncian por primera vez, se elimina la necesidad de repetición. También le da a la otra persona el mensaje de que lo que está diciendo es valioso. Cuando todo el mundo está "en el mismo camino", todo el mundo hará más.

Conclusión: El pilar de todo éxito... Las estrategias!

Cuando escuchas la palabra "productividad", lo primero que te viene a la mente es probablemente tu trabajo y el lugar de trabajo. La buena noticia es que todas estas estrategias para aumentar la productividad también son apropiadas para otros "lugares" de la vida. Son igualmente útiles para los estudiantes que desean hacer más cosas con su trabajo en la universidad o en la escuela secundaria, e incluso para las amas de casa que nunca parecen tener tiempo suficiente para hacer todo lo que se necesita hacer.

Sólo hay veinticuatro horas en un día. Este es un hecho que es igualmente cierto para todos. En interés de su salud y bienestar general, algunas de esas horas deben destinarse al sueño, a actividades recreativas y a otros hábitos importantes relacionados con la salud. Aunque esto todavía deja unas cuantas horas en el día para hacer las cosas, su tiempo puede ser mal dirigido o malgastado si usted lo permite, o si no está seguro de cómo manejar mejor esas horas.

Las estrategias para hacer las cosas se centran en la mejor manera de gestionar sus horas de trabajo para lograr una productividad óptima. Cuando aprendas a no perder el tiempo y a aprovechar al máximo cada hora y cada día, harás más cosas. En lugar de sentirse estresado, sobrecargado de trabajo y sobrecargado, lo que puede conducir a resultados menos que satisfactorios, los resultados que usted obtenga serán logros reales.

Desarrollar y practicar estas estrategias para hacer las cosas no le tomará mucho tiempo o esfuerzo de su parte. Algo de motivación, y la voluntad de empezar a ponerlo en práctica, es realmente todo lo que se necesita. No sólo te verás a ti mismo volviéndote más productivo, sino que podrás recordar cada día como uno de tus mejores días.

Ahora sí, te deseo lo mejor en tus resultados, y recuerda, todo es práctica; no te sirve de nada la teoría sin acción. Lleva a la vida real todo lo que aprendes.

Un fuerte abrazo, tu amigo, Jorge!

www.ingramcontent.com/pod-product-compliance
Lightning Source LLC
Chambersburg PA
CBHW072015230526
45468CB00021B/1562